Verena Keil (Hg.)
Ein Weihnachtslicht für dich

Über die Herausgeberin

Verena Keil ist Lektorin bei Gerth Medien und hat bereits eine ganze Reihe von Geschichtensammlungen herausgegeben.

Konrad Biller

Babberlababb!

Konrad Biller

Babberlababb!

Satirische Gedichte

Projekte-
Verlag
Cornelius

Impressum

1. Auflage
© Projekte-Verlag Cornelius GmbH · Halle, 2013
   www.projekte-verlag.de
Mitglied im Börsenverein des Deutschen Buchhandels

Illustrationen: Manfred Schaller
Satz und Druck: Buchfabrik Halle
                 www.buchfabrik-halle.de

ISBN   978-3-95486-362-4
Preis: 10,50 Euro

I
KÜCHENSCHABEN IM WELTRAUM

Katastrophe bei der Fotosafari

Ein vollgefressnes Löwenrudel
machte Schulzes frechen Pudel
dennoch zum Kadaver.

Trotz nimmer endendem Palaver
und dauerhaftem Köpfeschütteln
ließ sich nichts mehr daran rütteln.

ADEBARS VORGEHENSWEISE

Vors Haus
oder auch dahinter
legt der Storch
die kleinen Kinder.

Falls er sie
runterschmeißen sollte,
sind solche es,
die niemand wollte.

KLEINER UND GROSSER ARTENSCHUTZ

I

Stand niemals auf der roten Liste,
weil so etwas kein Mensch vermisste.
Hass und Vernichtung zu erleiden,
war Tierchens Los in unsren Breiten.

Nun verhelfen Lauschangreifer
dem Krabbelschreck zum alten Eifer.

II

Nie steht ihr Mangel
uns ins Haus,
wäre doch gelacht,
weil jeder mal
aus einer Maus
einen Elefanten macht.

Riskant und riskanter

I

Mit dem Absprung geht aufs Ganze
jedes Mal die Faltbettwanze,
wieder hoch zur Schlafsaaldecke
wär es eine weite Strecke.

II

Damit auch unsre Küchenschaben
vom Weltraumbudget etwas haben,
sich schwerelos erfreuen
ihres Daseins, einem neuen,
schickte man sechs dieser Sorte
ohne allzu viele Worte
in einer Dose aufs Erlebnis
mit folgendem Ergebnis:
Viere konnten nichts mehr melden.
Zwei kamen durch, sie wurden Helden.

KÖRNER UND HÖRNER

I

Mitten im Korn
steht ein Nashorn.

Warums da drin steht?
Weil so mein Reim geht.

II

Gerne nach Körnchen
sucht das Eichhörnchen.

Warums welche findet?
Habs grad begründet.

Trick und Hilfe

I

Der Zeisig
hats hinten eisig.
Fliegt er jedoch
im Zeisigschwarm,
wirds am Ende
ihm schön warm.

II

Auf des Grauen Ohr und Brücke
halten manche große Stücke:

sie
nützt uns beim Sich-Verstricken,
es
hilft allen, die einknicken.

EGALISIERT

Sprichwörtlich gehts
im Teich dem Hecht
bei den Karpfen
gar nicht schlecht.

Doch septembers
auf dem Tisch
sind beide Sorten
arme Fisch.

Vorweihnachtliche Pflicht

Gänseschar
graszupfender
am Dorfweiher
zurufen:
Macht endlich
die Fliege!

Die Osterhasenfrage

Am Rain der Osterhase hoppelt,
dem Betrunknen hopst er doppelt.

Da kommt die Osterhasenfrau
aus ihrem Osterhasenbau
mit sieben Osterhasenjungen
übern Feldweg angesprungen.

Meine Frage nun deswegen:
Sagt, wie viele Osterhasen
sieht der Saufbold Eier legen?

Lustlos

Ein recht alter Pferdefuß
schaut missvergnüglich,
denn er muss
tagtäglich ohne Gottes Segen
jemanden aufs Kreuze legen

ist heute aber echt zu faul
und hinkt zurück
ans Knie vom Gaul.

II
ÄGTSCHEN, LOS!

KEIN WUNDER,
dass die größten der Riesen
ihr Reich verließen,
um auf den Polen
sich zu erholen

ganz aufzurichten
durchs Loch der Schichten.

KUGEL-ENTLASTUNG

Die Welt geht aus den Fugen
wissen alle Klugen
und ...
schon wollen ihre *Zwingen*
grüne Macher an sie bringen
doch ...
nur mit *Verzichten*
wär noch was auszurichten.

Vips Faible für die Erderwärmung

Wenn einmal des Meeres Wellen
an den Fuß der Alpen prellen

in Tegernsee wird keiner grantig:
Die Boote liegen am Atlantik.

Achtundsechzigern gereimt

Am Ackerrand den Bungalow,
auf Ibiza den Segelfloh,
zum Monatsend die Staatspension

den roten Golf fürn jüngren Sohn,
kein Herz für Künstler ohne Lohn.

SCHWARZ UND ROT

I

Das Schwarze Meer brüllt ohne Sinn
zum Roten seiner Gattung hin:
Du gottverdammter Schurke,
bist nur eine nasse Gurke!

Schallts über die Türkei zurück:
Du falsches Stück,
du fetter Wasserblumenkohl,
mir wärs in deiner Form nicht wohl!

II

Ein CSU-Staatssekretär
schwamm lustvoll
durch das Rote Meer.

Er büßt die frevlerische Tat
im Schwarzwald
auf dem Trimm-dich-Pfad.

ATOLLGIERIG

Mit dem Tauchclub *Meeresgrund*
findet Herr Direktor Pfund
den Kick im nassen Element,
weil er nichts Bessres kennt.

Schießt rund um die Kanaren
Fotos schönster Wasserwaren,
blitzt zwischen den Seychellen
unter warmen Wellen,
nimmt Kameras und Sammeltüte
vor Trinidad aus der Kajüte,
zieht nahe der Komoren
seine Brille um die Ohren,
macht am Strand von Sansibar
das Gerät zum Einsatz klar ...
zudem nimmt er sich frei
ab Oktober für Hawaii.

Gar Mondes Mare Imbrium
geht dem Chef im Kopf herum.

DAS MACHOPRINZIP

Schon als Knabe
sein Gehabe:
machts voll Dreck,
schmeißt es weg.

Erwachsen ein Held:
nimmt für Siege und Geld
Zerstörung in Kauf,
gibt Reste auf.

Ist alles geschafft
mit Manneskraft,
schreit er: Das wars,
ab jetzt zum Mars!

JAKOB,
Wahrer der Natur,
bleibt diesbezüglich richtig stur,
niemals ist er, ungelogen,
mit einem Jet geflogen.

Nur im Traumesschlummer
hat er immer
wieder Kummer,
steigt einfach in Raketen,
kreist um den Planeten.

Nicht wettbewerbsfähig

I

Beim Kurvenweitsprung-Championat
sprangen viel zu viele grad.

Es war nicht zu vermeiden,
das Feld im Ganzen auszuscheiden.

II

Ein Wellenreiter
war kein Gescheiter

ritt auf höchster Wellenwand
vor der steilsten Küst an Land.

DIE GANZ ALLTÄGLICHE GESCHWINDIGKEIT

„Rammt mir meine Enterprise
nur an keinen Stern mit Fleiß,
auf gehts, los, Warp acht!",
sagt Picard und lacht

als recht nah am Erdplaneten
Jungmajor Ursus van Bleden
die Schallmauer durchbricht,
zum ICE hinuntersticht,
den längs nach überfetzt,
bevor er in sein Rohr einwetzt
nach der langen Maintalbruck,
worunter ein Herr Egon Struck
im Golf zum selbigen Moment
an ihren Mittelpfeiler rennt,
derweil ganz unten drunt am Fluss
auf dem Fahrradweg mit Schuss
einer her rast, so ein Lackl,
ihn dann überrollt, den Dackl

während unser Dickerle
nach dem Mittagsnickerle
sich den Kopf ans Stuhlbein krabbelt
und dazu „nellnellnell" brabbelt.

In der Freizeit

Daumen lutschen
Gitte knutschen
zammenrotten
Autos schrotten
Alte schocken
Lammsbräuhocken

in Nepal hinten
sich selber finden
sturmwindsegeln
dreißig Jahr lang
meistens kegeln
heimchorsingen und

überdieklingespringen

Aktion

Ein Freizeitteam aus Mittelfranken
ist auf der Such nach Ägtschen,
fliegt ein an Himalajas Flanken,
beikt weiter zum Pass Bäg-Tschän

schwingt mit Eis und Schnee hernieder
in Sherpas Götter sanften Schoß,
da brüllt der sonst so leise Frieder:
Etzatla, etz is wos los!

Auf der Zielgeraden

Lunge und die beiden Wadln
streiten sich beim Endspurtradln,
wer zuerst von ihnen streikt,
eventuell den Sieg vergeigt.

Dann werden alle drei staat,
viel zu lang noch gehts gerad.

Nach der Disco

Ich hatte zwei Kameraden,
dümmre findst du nicht

mit einem Lenkradschaden
fuhrns ab … und ohne Licht.

Verformungswillig

Blitzstartrennen aus dem Stand
bis zur betonierten Wand
können nur gewinnen:
Kids mit Hang zum breiten Dünnen.

AMPELN:
ewige Lichter
für die Toten
auf der Straß.

III

KREUZFIDEL SPEKULIEREN

Ein frommes Land
in schwarzer Hand

wo Kreuze stecken
in Gipfeln sowie
Herrgottsecken

auch links und rechts
vom Straßenrand.

KREUZFIDEL

Scho gschpaßig, dass
Schreiner
ein Hobelgesetz,
Architekten
ein Reißbrettgesetz,
Maler
ein Pinselgesetz,
Bäcker
ein Brezengesetz,
Metzger
ein Weißwurschtgesetz,
Pastorn und Pfarrer
a Kruzifixlgsetz hom.

UNSER PASTOR WEISS NICHT, WAS ER WILL

„Des Englischen im Deutschen satt
sind wir",
las eingangs ich im Kirchenblatt,
dann auf Seite vier:

„Beim allergrößten der Events,
nach dem vierten des Advents,
der Herr uns Sünder nicht verließ,
in alle Herzen brachte Peace."

Meldungen aus dem Palast

I

Das Holzgebälk im alten Saal
lässt der schlaue Kardinal
durch Decken aus Beton ersetzen

keiner soll sich dran ergötzen,
dass man hier auf Lügen baut,
falls er nach oben schaut.

II

Drei Bistums-Trüffelschweine
erwühlten selige Gebeine.
Was man damit macht,
hat das Internet gebracht:
Erst müssen alle Knochen
im Weihwasser kochen,
dann kommt die Hermine
zum Lutz in unsere Vitrine,
der Kiefer des Sankt Fridolin
geht zur Eminenz nach Wien,
das Schäufele vom Wulfert
wird am freien Markt verpulvert.

Die ausgesprochene Rüge
des päpstlichen Gesandten im Bischofsstädtchen

Gar spät verließ den Dom
der fromme Mann aus Rom

da spritzte grad ein Strahl
bis hin vor das Portal

„Hast übers Maß gesoffen
und fast sein Haus getroffen"

sprach leis der Nuntius
zum nächtlichen Brunzius.

Im Streitgespräch

Lebensschützer:
kein einziges Seelchen dieser
im Mutterleib Ermordeten,
das nicht in den Himmel käme

Lebensvernichter:
und dort die Kinderabteilung
aus allen Nähten platzen ließe

GRÜSS GOTT,
Grüß Gott, Grüß Gott!,
ruf ich dem Bübchen zu,
das vor dem Kuhstall
im Brunnen herumplanscht

weil man zu einem Unsinn
es in diesem Alter nicht
oft genug auffordern kann.

ZUVORKOMMEND

In der Kreditabteilung
geht es höflich zu

man wird Ihnen
den Mantel abnehmen
den Hut abnehmen
den Schirm abnehmen
die Tasche abnehmen
einfach alles abnehmen

GRUNDRECHNUNGSGESANG
nach der Vogelhochzeitsmelodie

Das +, das +,
Aktionär ein Hochgenuss,
fidirallala!

Subtrahiern, subtrahiern,
Macher lässt es resigniern,
fidirallala!

Das x, das x,
ist für Banker ganz legal,
fidirallala!

Dividiern, dividiern,
Raffzahn lässt es tiefgefriern
fidirallala

fidirallala,
für Gewinne ist man da!

Dem Kompaktkleber gewidmet

Ein Weinglas klingt,
der Hofhund bellt,
das Rücklicht blinkt,
die Aktie fällt,
Pattex hält.

LIEBESTRAUM
des Bankangestellten
(Volksliedüberarbeitung)

Gloria von Taxis
wärs, die mir gefällt,
probte die Praxis,
hätt Aktien und Geld

könnt spekulieren,
wenn Kurs nicht verfällt,
den Markt studieren,
wenn Liebe nur hält!

UNIVERSALWERBUNG

Die Getränkeindustrie,
die Reinigungschemie,
die freie Marktwirtschaft
wollten furchtbar gerne
Sonne, Mond und Sterne
für sich als Werbekraft.

Die Texter zeigten Hirn,
drei Spots mit Gestirn:

1
Wenn sie vor den Augen trudeln,
lass in deinem Glas es sprudeln.

2
Gegen ihre Flecken
werden wir noch was entdecken.

3
Wer zu- und wieder abnimmt,
expandiert nicht, ganz bestimmt.

Alfredissimo Bioschleck

Der Gourmet vorm Glotzer hocket,
wenn Biolek am Freitag locket
mit einem VIP, Mann oder Frau,
zur Brutzel- und Gesabberschau.

In umgebundnen Hobbyschürzen
tun sie nach Hausrezepten würzen,
schnipseln, rühren, kräftig kneten,
etabliert dazwischen reden

schmatzen, schlürfen, dazu saugen,
entzückt verdreh die Promiaugen
und in Töpfen wird das gar,
was teure Ware vorher war.

Zwischen ihren Arbeitsgängen
erfahr bis Mirzumhalsraushängen,
wie viel der Star schon unternahm,
damit zu solchem Ruf er kam.

Wenn beide zum Finale schreiten,
dürfen wir uns daran weiden,
wie sie vom ganzen guten Essen
stehend noch drei Bissen fressen.

(Bestimmt aus diesem Grund
verspeist den Rest der Studiohund.)

Danket mir

Kapitalist:
Alle müssen zuerst schnaufen,
alle möchten etwas saufen,
alle dürfen nicht vergessen,
regelmäßig was zu essen,
allen geht das Exkrement
unausbleiblich raus am End,
alle brauchen ab und zu
unbedingt des Schlafes Ruh,
und … so seis geschrieben,
noch nie ist jemand dageblieben.
Danket mir … ob arm, ob reich,
wäret sonst nur peinlich gleich.

Sozialist:
Gibt Schwarze und die Weißen,
Bayerische und die Preußen,
gibt Große als auch Kleine,
Grobe ebenso wie Feine,
diese fleißig, jene faul,
Ruhige, andere mit Maul,
gibt sie spröde oder witzig,
cool im Kopfe oder hitzig,
einfach, furchtbar schwierig,
sehr bescheiden, maßlos gierig.
Danket mir … seid echt zufrieden,
wäret sonst viel zu verschieden.

WORTFLEXIBEL

Natürlich wird alles gemacht,
was machbar ist!

Natürlich wird nichts gemacht,
was nicht machbar ist!

Natürlich sind alle Menschen gleich,
sagt der letzte Kommunist.

Putschversuch

Alle renitenten Teile
diskutierten eine Weile.

Dann brachen sie die Lanze
wiederum fürs Ganze.

IV
SCHÖNER ARSCH IM TREUEN WALD

FEIERABEND UND P
(Volksliedüberarbeitungen)

I

Kein schöner Land
in dieser Zeit
als hier das unsre
weit und breit

wo wir uns hinten
im Stau befinden
zur Abendzeit,
wo wir uns …

II

Muss i denn, muss i denn
zum Städtele naus
und du mein Platz
bleibst hier.

Wenn i komm, wenn i
wiederum komm,
kosts mi nomal
Euro vier.

Vermasselte Perspektive

Kornraden stehn,
Felder wehn,
Hecken schmiegen,
Kronen wiegen

ringsum Stille,
nur Idylle

Bild ertragen …,
nicht sich fragen,
ob nach Jahren
hier Bagger waren?

Morsbrunner Subventionslied
(Volksliedüberarbeitung)

Weißt du, wie viel Pflänzlein stehn
auf dem großen, weiten Feld?
Weißt du, wie viel EG-Mittel
Bauersmann dafür erhält?

Sie zu zählen, tät ihn quälen,
wird am Ende nichts mehr fehlen
und aufs Jahr um diese Zeit
wiederum das gleiche Leid.

BODENBESCHAFFENHEIT

Würden auf der Alb
beim Ackern
die umgepflügten Steine
gackern,
der Bauer
fänds auf jeden Fall
dort wie in seinem
Hühnerstall.

HIESS DIE REDNITZ
zum Beispiel Wegnitz
mit einem g
wie bei Regnitz
respektive Pegnitz,
dann flössen

na, was geschieht?

drei sich reimende Flüsse
durchs Fürther Gebiet.

ALTE KNOBLAUCHSLÄNDERIN ZUM ALTEN KNOBLAUCHSLÄNDER,
nicht unfreundlich:*

ann babberlababb
etz hau ab
ann babberlabebb
etz sei ka Debb
ann babberlabibb
soch därs klor und klibb
ann babberlabobb
du mit deim Ponoschobb
ann babberlaböbbs
Händ wech vo die Möbbs
ann babberlabubbs
mirwäng
…
obä schwubbs!

---

* Das Knoblauchland ist ein Gemüseanbauland nördlich von Nürnberg.

Sei ruhig

Bin in die Nacht neikumma
und in ann eiskaltn Wald,
hob den Klann mitgnumma,
der greint

sag i:
schau nauf durch die Äst,
da Vollmond scheint
und mach halt kann Lärm

glei sin mer draußn
in seina Wärm!

Mundartlich bedingt

Beim Ichlwirt in Schlossberg
sagen die Einheimischen
anstatt Ausschlag Aschloch.

Bei diesem Wort
ist für ihre Sprache das
Hinunterschlucken vom u
und die Ablösung des
ag durch ein och
aschlochgebend.

GRÄFENBERG-LOKERERS FANTASIE

Ach, würde doch von Anfang an
in solch kleiner Nebenbahn
ein Bergbräu-Festbiergarten sein,
schenkte, klar wärs, auch gut ein

mit Bänk im Garten, Girls und Gägs,
mit Rettich, Leberkäs und Snäcks,
mit Blasmusik und Rock 'n' Roll ...
mein Züglein wäre immer voll.

URWALDGASTRONOMISCH

Ins Wipfelstübchen *Kannibale*
kommen die Gourmets zum Mahle,
was der Koch zu bieten hat,
steht auf dem Sagopalmenblatt.

Als Vorrat lagern wir in Kisten
Bekehrer, Forscher und Touristen,
waidmännisch gefangen,
dann gründlich abgehangen.

Bevor man bei uns filetiert,
werden Würmer aussortiert,
hat einer schon gerochen,
wird nicht aufgebrochen.

Täglich eingeharzt, sehr würzig,
deutsche Lehrer, um die vierzig,
kesselabgekocht und gar
Gulasch „Alter Missionar".

Jeden Mittwoch ganze Glieder,
dazu schönste Urwaldlieder,
selbstverständlich alle Reste
zum halben Preis für Bodengäste.

Dessert: Bananas frites
Guten Appetit!

FRANKONIA

Normalerweis ist es im *Löwen* leis
und auf dem Wege zum Abort
schreit keiner besoffen:
Die Türken solln fort!

Nur Mittwoch abends is ka Ruh,
da gehts deutschfrankonisch zu,
da hockt die Verbindung
bei der Wahrheitsfindung.

HERUNTERGEKOMMEN

Häher schimpfen, dass hallt
hier oben im Wald.
Im Tal das Wirtshaus lockt,
dass man hin sich hockt.

Steig ab geschwind,
Schlimmres dort vorfind.
Am Stammtisch zanken Geier,
zwei fahrn sich an die Eier.

Die Stöppacher Liedertafel

Am Abend singt der Männerchor
im Wirtshaussaal vier Lieder vor:

„Üb immer Treu und Redlichkeit!"
„Wer hat dich du schöner Wald!"
„Bis zur Rente ists noch weit!"
„Am End sind ums Gesäß wir kalt!"

Ist so das Liedgut aufgebraucht,
wird getrunken, auch geraucht,
dann gibt es Wurst- und Sülzenteller
vom Schnaps dazu die ersten Preller.

Zuletzt des Sanges Leiter lallt vom
„Schönen Arsch im treuen Wald!".

ANERKANNT

Im Club *Maskulin*
sind solche in,
die Herrmann heißen
und deshalb sich preisen.

LEIDLINIE
der Deutschen Akademie
für die militärische Entwicklung von Drittländern

first Aff:
mit Steinzeitwaff

Aff wird Mann
Waff: prima Gun

aus Mann kommt Länd
aus Gun: Soldatenständ

aus Länd macht sich Nation
aus Ständ: Atombombenxplosion!

Vaterland und Muttersprache

Ein Glück,
dass sich mit ihr
es für scheißegal
erklären lässt.

V

BETTEN UND SKELETTE

ZWEISAMKEITSTEST

Ins Heu niederlegen,
eng aneinander,
abwarten …
ob die Scheune brennt.

SCHMERZLICHE LIEBSCHAFT

Wenn so was ich seh!
Er kommt nicht zur Ruh,
die Füß tun ihm weh

und sie wagt keine Klagen,
obwohls ihr dröhnt im Kopf:
Durch ihn geht er seit Tagen.

EXTRAORDINÄR

Echt geile Liebespoesie
vergibt sich nie
an Erotikbände,
gar gekalkte Abortwände

man zeigt Macken:
tätowierts auf weiße Backen.

LUDWIGS DREH

Sein Zahn sieht alle Männer gern,
deshalb lag es Lugg nicht fern,
sich ein wenig zu bemühen
vor ihr einen Strich zu ziehen,
sie noch etwas hinzudrehen:
jetzt darf Lizzy darauf gehen.

Ein Schatz erinnert sich
(Volksliedüberarbeitung)

Alle meine Männchen
hatten die Idee,
hatten die Idee:
Hose unters Ärschchen
Schwänzchen in die Höh.

Der Durchschauer

Als Mann in mittlern Jahren
möchte Kurt noch viel erfahren,
Tiefe in den Dingen finden,
ihm Gewogenes ergründen:
Er spürt darin sein Lebensglück
zu üben sich im Röntgenblick.

Ihn macht ein abgesperrter Schrank,
na ja, was drin ist, nimmer krank,
er schaut nie nach in leeren Dosen,
erkennt die Treffer bei den Losen,
sieht Ratten umeinander laufen
unter Schutt- und Komposthaufen,
weiß, wer spät ans Haustor klopft,
dass gleich das Abflussrohr verstopft
und lang ists her, seit heim er rannte,
als der Gasherd doch nicht brannte.

Aber Kurt hat ohne Frage
auch einen Grund zu bittrer Klage:
Kommt nah ihm seine Frau im Bett,
sieht er plötzlich ihr Skelett.

Der Essenswunsch
des misstrauischen Ehegatten

Kaum die Arbeit abgeschlossen,
ist Eberhart nach Haus geschossen,
gekommen war für ihn die Stund
zu stellen diesen Himmelhund.

Nach seiner Wohnungstür im Gang,
grüßt Ingeborg im schönsten Klang,
meint: War überhaupt nichts los,
hab Fleisch im Topf und eine Soß.

Auf ihr Gered entgegnet er:
Stell das Märchenbuch nur her,
du verstehst es doch inzwischen
viel besser daraus aufzutischen.

Die Kindswäscheeskalation

Stipse ist noch klitzeklein,
sie setzt ihn in die Wanne rein,
meint er: Tust ihm ja weh,
Marga sagt: Ach geh, ach geh!,
es folgt sein Wort: Brutal!,
dann ihr Satz: Du bist die Qual!,
du dummer Hund!,
daraufhin hält er den Mund,
Marga keift: Verlass das Zimmer,
hau doch ab für immer!
und schüttet vor Klaus
Stips mit dem Badewasser aus.

EHE UND EHEBERATERS SCHLUSSWORT

I

Jung, gesund, erwartungsvoll
finden zwei sich supertoll.
Gibt nichts zu bereuen
beim Aneinanderfreuen.

Alt und krank, am Bauch viel Masse,
finden zwei sich ohne Klasse.
Sprechen nie vom Scheiden
beim Aneinanderleiden.

II

Falls von der aufgefrischten Liebe
wieder nichts mehr übrig bliebe,
genügen gut für weitre Teste
dem Institut auch kleinste Reste.

GLAUBHAFT

Die Zeit
rennt zu zweit,
ganz klar:
eine kommt,
eine war.

Wer sagt,
eine ist,
redet Mist!

OPERATIONSVORSORGLICH

Ich fragte den erprobten Klaus
vorm eignen Trip ins Krankenhaus,
was mit hineinzunehmen sei.

Er meinte: Völlig einerlei,
wär aber vielleicht nicht zu spät,
hast Kerzen, falls das Licht ausgeht

man weiß ja nie … in der Chirurgie?

Alter Chirurg für Ersatzglieder

Zur Frühvisite sieht er einen
liegen mit zwei rechten Beinen,
grantelt:
Dachtest noch an diesen Sehtest,
gestern Abend, als du nähtest!

Aushang im Wartezimmer

Noch eine Weile eingeparkt
lässt unsre Kunst den Herzinfarkt.

Vorsorger trifft der Schlaganfall
als kein ungeahnter Knall.

Man sucht bei uns auch den Tumor,
drum stellt euch regelmäßig vor.

Finden wir ein Zystchen,
denkt nicht gleich ans Kistchen!

PARADOX AN KUREN

I

… aufgebaut werden,
obwohl man/frau abbaut.

II

Voll noch im Stand
meinte einer arrogant:
Hab nichts verloren
bei den Senioren

starb auch bald
kein bisschen alt.

Wandschmiererei im Wastl*

Die Welt ist eng,
der Tod ist streng

man bleibt nur kurz
bis hin zum Sturz

zum freien Fall
durchs weite All

lang ist die Zeit,
Scheißewigkeit!

* Wastl ist ein Nürnberger Altersheim

STILL VOR DEN LASTERN HOFFEN
Zu drei strapazierten Sprichwörtern

I

Seit es Hilfe darin rief,
ist das Wasser nicht mehr tief.

II

Ziehst du auf der Autobahn
links der Lasterschlange an,
fährst zuerst an ihr entlang
nachher noch am Müßiggang.

III

Klingt echt besoffen,
dem letzten
Schnaufer nachzuhoffen.

WASSERGEDICHTE
nordholländisch

I

Guss beginnt,
Wasser rinnt,
Windstoß heult,
Knirps zerbeult.

II

Sind beide im Patt
heißt es Watt

drin kannst laufen
oder ersaufen.

III

Auf dem einsamen Strand
steht ein Koffer im Sand

ins Meer hinein weiter
gehn Fußspuren … leider.

Rückwärts fliessen

Aus dem Meer drängt Wassermasse
rauf des Stromes breite Straße

von Flüssen, Flüsschen aufgenommen,
um durch Bächlein anzukommen

springts in kleine, klare Quellen:
dem Ende aller trüben Wellen.

Todeswunsch

Verwandelt vor der Nacht
in eine Blindschleiche

aus dem grünen Dickicht
auf die noch warme A9 schlängeln.

Vier Beerdigungsstrophen

1

Gern wissen wir im Grabe
den Herrn und sein Gehabe:
Hinauf soll er nicht schweben,
ihm gönnt man nur ein Leben.

2

Der Betrüger, der Schuft,
gehört erst recht in die Gruft:
Seid trotzdem alle auf der Hut,
falls er weiter Böses tut.

3

Die geräumigsten Kisten
dem Opportunisten:
Er wird sich nochmals drehn,
kanns nur nicht mehr sehn.

4

Dich Gescheiten und Leisen
am Sarg erst zu preisen:
ist betrüblich ... aber üblich.

VI
DER TEXTTEST-AUTOMAT

ABSTURZ

Das mit den Weichseln
wollte Hans deichseln,
nahm froh und heiter
die große Leiter.

Gedankt achter Sprosse
für diese Glosse.

Das Wunder der Liebe

Es bereitet die Tangente
plötzlich ihrer Art ein Ende
und umschlingt den Kreis …
beiden kommt es kalt und heiß.

Was manche so treiben

Wenn Mengen Längen
Seit an Seite
sich zusammenhängen
kommts zur Breite.

Bekannt ist auch, dass Engen
sich aneinanderdrängen,
wohingegen Weiten
gern auseinanderschreiten.

Was ein Mathematiker verzehrt

Tagsüber, zwischen den Terminen,
geht er manchmal in Kantinen,
stibitzt sich kein Pastetchen,
sondern zwei Kathetchen.

Wie Vitamine im Salat
braucht er Zahlen im $\square$,
und als wär es Küchenkerbel
kostet man von der $)($.
Sein großes abendliches $\times$
eröffnet er mit $\int$,
nachher folgen für den Kenner
aus Brüchen rohe Nenner.
Die Spitze seines Essverlangens
gilt sin, cos und tangens,
dann spießt er mit der Gabel
von der knusprigen $\Downarrow$.
Der Nachtisch ist zum Jammern,
fehlen einmal weiche $(\,)$,
gleich eine auf die andre Nuss
frisst noch beim Glotzen viele $+$.

Das Bier dazu, drei volle Maß,
trinkts auf den Pythagoras,
sein alter Jagdhund Purzel
beißt derweil an einer $\sqrt{}$.

SCHLAGKRÄFTIGER

Der ehrgeizübervolle Wirr
suchte solchem nach ganz irr
sich hintendran den Warr

sonst war er kein Narr,
denn gemeinsam gingen sie
gegen Ordnung vor wie nie.

OTTEN

Rationalisierten fort
fast ihr halbes Wort,
nennen sich nun otten,
weils so klingt wie Schotten

zudem

für ihre Meuten
knausern sie mit Leuten,
daher werden otten
sich kaum zusammenrotten.

WELCH EIN GLÜCK
für Ablauf und Auflauf,
für Untergang und Übergang,
nur simple Gegenteile
wären sie

ohne Rinne und Mehlspeise,
ohne Katastrophe und Brücke.

Gang-Fall

Fall und Gang, sich fremd die beiden,
suchten nach Gemeinsamkeiten,
obs irgendwie zusammengeht
mit dem dazu, was anfangs steht.

Man prüfte *Unter, Zer, Zu, Rein,
Ab, Über, Rück, Vor, Zwischen, Ein*,
doch nichts an eigner Ausdruckskraft
wird von der Vorhut abgeschafft.

Grundsätzlich ihre Differenz vereinen
nur *Durch* und Möbel auf vier Beinen,
noch zugewandt dem Nachgestellten,
zwei tote Dichter sie vermelden.

PS, bevor ich es vergess:
Dem *Stuhl* müssten die Ohren klingen
und von den toten Schreiberlingen
ist Fallada normal, Ganghofer eine Qual.

Mach es nicht!

Du kennst den Dichter Leo Käger
und seinen Satz:
Am Kran hängt still der Eisenträger.

Na gut, tausch nur nicht
der mit am … sein Kran schnorrt
sonst erschröcklich zamm.

KEINE KUNST

keine Kunst,
in den Bau zu kommen

eine Kunst,
über nägelgespickte Bretter
in den Bau zu kommen

ein große Kunst,
auf dem Bau Handwerker
oder den Meister anzutreffen

eine noch größere Kunst,
bis zur Kunst am Bau
ohne Liebelei mit dem Landrat

eine absolute Kunst,
ohne Kunst am Bau
aus dem Bau zu kommen

keine Kunst,
wieder in den Bau zu kommen

Was für Kunst und Künstler anders wäre, wenn …

Spielte laute Musik leise,
leise dementsprechend laut,
forte stünd vor stiller Weise,
piano, wenn die Pauke haut.

Hätte allzu Langes Kürze,
Kurzes umgekehrt kein End,
in Romanen läg die Würze,
Aphorismen lang man fänd.

Tät zum Hellen hin es dunkeln,
gäb sich Dunkles strahlend hell,
Maler ließen Ruhrkoks funkeln,
Glorienschein als schwarze Stell.

Wenn recht Hohes drunten wär,
Tiefes jedoch droben,
der Kapo rief zum Richtfest her,
ums Fundament zu loben

auf Kellern ruhte Sonnenglanz,
Dächer steckten drin im Grund,
es schiffte an den Biberschwanz
dem Architekt sein Hund.

DICHTERS DILEMMA

Zeitgeistlyrik Wort für Wort
schrieb einer im Abort …,
gibt keinen bessren Platz auf Erden,
dass genial die Verse werden.

Schuf in zwei Wochen vierzehn Blatt,
das Kunstwerk setzt kein Lektor matt,
es ist sein Texttest-Automat,
der findet alles viel zu fad

und stempelt die Papiere barsch
mit: Rückverwendung an den Arsch!

INHALT

I Küchenschaben im Weltraum

Katastrophe bei der Fotosafari	6
Adebars Vorgehensweise	7
Kleiner und großer Artenschutz	8
Riskant und riskanter	9
Körner und Hörner	10
Trick und Hilfe	11
Egalisiert	12
Vorweihnachtliche Pflicht	13
Die Osterhasenfrage	14
Lustlos	15

II Ägtschen, los!

Kein Wunder	18
Kugel-Entlastung	19
Vips Faible für die Erderwärmung	20
Achtundsechzigern gereimt	21
Schwarz und rot	22
Atollgierig	23
Das Machoprinzip	24
Jakob	25
Nicht wettbewerbsfähig	26
Die ganz alltägliche Geschwindigkeit	27
In der Freizeit	28

Aktion	29
Auf der Zielgeraden	30
Nach der Disco	31
Verformungswillig	32
Ampeln	33

III Kreuzfidel spekulieren

Ein frommes Land	36
Kreuzfidel	37
Unser Pastor weiß nicht, was er will	38
Meldungen aus dem Palast	39
Die ausgesprochene Rüge	40
Im Streitgespräch	41
Grüß Gott	42
Zuvorkommend	43
Grundrechnungsgesang	44
Liebestraum	45
Dem Kompaktkleber gewidmet	46
Universalwerbung	47
Alfredissimo Bioschleck	48
Danket mir	49
Wortflexibel	50
Putschversuch	51

IV Schöner Arsch im treuen Wald

Feierabend und P	54
Vermasselte Perspektive	55
Morsbrunner Subventionslied	56

Bodenbeschaffenheit	57
Hieß die Rednitz	58
Alte Knoblauchsländerin zum alten Knoblauchsländer	59
Sei ruhig	60
Mundartlich bedingt	61
Gräfenberg-lokerers Fantasie	62
Urwaldgastronomisch	63
Frankonia	64
Heruntergekommen	65
Die Stöppacher Liedertafel	66
Anerkannt	67
Leidlinie	68
Vaterland und Muttersprache	69

V Betten und Skelette

Zweisamkeitstest	72
Schmerzliche Liebschaft	73
Extraordinär	74
Ludwigs Dreh	75
Ein Schatz erinnert sich	76
Der Durchschauer	77
Der Essenswunsch	78
Die Kindswäscheeskalation	79
Ehe und Eheberaters Schlusswort	80
Glaubhaft	81
Operationsvorsorglich	82
Alter Chirurg für Ersatzglieder	83

Aushang im Wartezimmer	84
Paradox an Kuren	85
Wandschmiererei im Wastl	86
Still vor den Lastern hoffen	87
Wassergedichte	88
Rückwärts fließen	89
Todeswunsch	90
Vier Beerdigungsstrophen	91

VI Der Texttest-Automat

Absturz	94
Das Wunder der Liebe	95
Was manche so treiben	96
Was ein Mathematiker verzehrt	97
Schlagkräftiger	98
Otten	99
Welch ein Glück	100
Gang-Fall	101
Mach es nicht!	102
Keine Kunst	103
Was für Kunst und Künstler anders wäre, wenn …	104
Dichters Dilemma	105

Konrad Biller

**Morgenstund mit
Hänschen klein
und Gremlins**

DRUMRUM
Hänschen klein fliegt allein,
darf schon ein
Weltmännchen sein,

mit dem Hund in zwölf Stund
halb ums Erdenrund.

AU
Horch, Kind, horch
nicht aufs Gewimmer,
wenn man Arm & Bein absägt
nebenan im Fernsehzimmer.

Träum lieber süß, denk nie daran,
dass dir das auch passieren kann.

ISBN 978-3-86237-458-8	Engl. Broschur
7,50 Euro	86 Seiten, 11 x 17 cm
ISBN 978-3-95486-002-9	eBook
5,50 Euro	86 Seiten, PDF, 3,8 Mb

Konrad Biller

**Vom Winterstrand
ins Frühlingsland**
Holländische Reflexionen /
Allgäuer Aus- und Einsichten

„Der Schlüssel" hat Konrad Billers Lyrik & Kurzprosa vom „holländischen Winterstrand bis zum Allgäuer Frühlingsland" zusammengestellt … deshalb, weil er „den Schüssel" anbieten möchte zur poetischen Offenlegung des strapazierten Begriffes „Heimat" … bin überall „daheim und fremd" steht für den Milchstraßenwanderer im Gedicht „Übergehen" … doch keine weltmännische Lebenserfahrung rechnet der Autor sich zu, er möchte viel mehr der globaltouristischen Sucht die Absage erteilen … für ein kritisches Kennenlernen weiterer Heimaten aufgrund verwandtschaftlicher und freundschaftlicher Bezüge … „übergehen" bedeutet für ihn, auch die in seiner besonderen Kritik stehende eigene kleine Heimat sehr lieben zu können … im frühlingshaften Allgäu einen blühenden Kirschbaum auf der fränkischen Alb in den Kopf zu bekommen.

ISBN 978-3-86237-470-0	Engl. Broschur
8,90 Euro	101 Seiten, 11 x 17 cm